Biscuits faciles

Abréviations et quantités

1 oz = 1 once = 28 g
1 lb = 1 livre = 16 onces = environ 450 g
1 tasse = 8 onces liquides = environ 250 ml
4 tasses = 1 quart = environ 1 l
16 tasses = 4 quarts = 1 gallon = 3,8 l
1 kg = 100 grammes (g) = 2 ¼ lbs
1 l = 1 000 millilitres (ml) = environ 1 quart
125 ml = environ 8 cuil. à soupe = ½ tasse
1 cuil. à soupe = le contenu d'une cuillerée à soupe rase = 10 à 20 g* = 15 ml
1 cuil. à café = le contenu d'une cuillerée à café rase = 3 à 7 g* = 5 ml

* Le poids présenté par une cuillerée à soupe ou une tasse d'un ingrédient solide varie selon la densité de ce dernier. Par exemple, une tasse de farine pèse 135 g, une tasse de beurre 220 g.

Pour les ingrédients solides, les quantités indiquées renvoient à l'ingrédient détaillé de la manière précisée. Par exemple, 1 cuillerée à soupe d'oignon émincé ou ½ tasse de fromage râpé.

Titre original : *Plätzchenbacken schnell und leicht*
ISBN : 978-3-8331-7042-3

Textes : Gisela Muhr pour Agilmedien, Niederkassel
Design de couverture : Simone Sticker
Photographies de couverture : © Tandem Verlag GmbH/TLC Fotostudio GmbH
Photographies de l'intérieur : © Tandem Verlag GmbH/TLC Fotostudio GmbH
Photographies du flyer : © Tandem Verlag GmbH/TLC Fotostudio GmbH
Mise en page : Derek Gotzen/A. Aspropoulos pour Agilmedien, Niederkassel

h.f.ullmann is an imprint of Tandem Verlag GmbH

Coordination éditoriale pour h.f.ullmann : Isabel Weiler
Réalisation : InTexte, Toulouse
Traduction de l'allemand : Dominique Taffin-Jouhaud

Réalisation complète : h.f.ullmann publishing, Potsdam, Allemagne

Printed in China

ISBN 978-3-8331- 6149-0

10 9 8 7 6 5 4 3 2 1
X IX VIII VII VI V IV III II I

www.ullmann-publishing.com
newsletter@ullmann-publishing.com

Sommaire

Introduction

Des biscuits en toute simplicité

À la fin du mois de novembre, on commence à préparer Noël et à instaurer l'ambiance festive qui perdurera jusqu'à cette merveilleuse célébration.
Promesses de plaisir, les parfums de cannelle, de clous de girofle et de multiples épices embaument la maison.

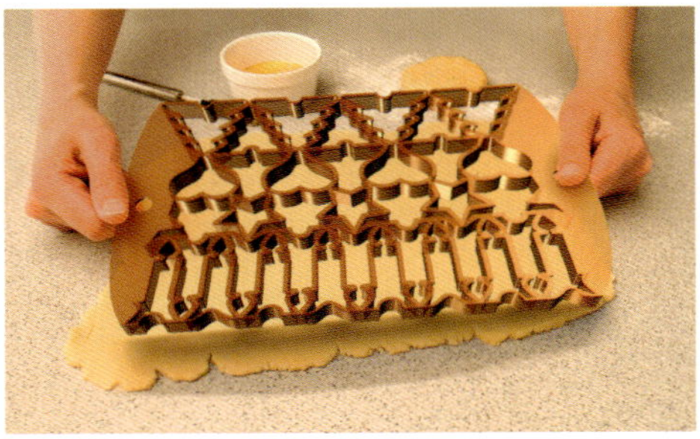

Pour réaliser simplement des biscuits de l'Avent, nous vous recommandons d'utiliser une plaque d'emporte-pièces de différentes formes. Par la simple apposition d'une plaque sur la pâte abaissée, vous obtiendrez 34 biscuits. Vous gagnerez ainsi un temps précieux et cela vous permettra d'organiser les festivités de Noël sans hâte et sans stress.

Parmi les 40 recettes de cet ouvrage, chacun trouvera ce qu'il recherche. Dans la première partie du livre, les biscuits de l'Avent seront confectionnés avec une simplicité enfantine à l'aide des plaques d'emporte-pièces présentés sur la photo ci-contre. Il suffit d'appuyer la plaque sur votre pâte abaissée et de la remuer légèrement de gauche à droite. Dans la dernière partie, vous trouverez les recettes de biscuits classiques de l'Avent qui ne doivent manquer sur aucune table de Noël.

Préparez de nombreux gâteaux secs, vous constaterez que leur préparation est aussi simple que l'enthousiasme de vos convives sera grand !

La conservation des biscuits de l'Avent

Les biscuits de l'Avent se conservent de manière optimale dans une boîte en fer-blanc. Placez toujours du papier sulfurisé entre les différentes couches de biscuits pour qu'ils soient posés bien à plat et qu'ils ne se brisent pas. Les gâteaux secs les plus épicés (cannelle, clou de girofle, etc.) doivent être séparés les uns des autres, car leur parfum peut se communiquer facilement et dénaturer le goût des épices. Veillez à bien laisser sécher les biscuits décorés de nappage ou de glaçage (au chocolat, à la vanille, etc.) avant de les stocker dans leur boîte.

Dans une boîte bien fermée, les biscuits de l'Avent resteront frais jusqu'à quatre semaines. Les lebkuchen, très durs après la cuisson, peuvent rester un ou deux jours à l'air libre, qui les humidifie et les attendrit. Le pain d'épice doit également être stocké dans une boîte en fer. Si vous intercalez quelques morceaux de pommes dans la boîte, il restera plus longtemps doux et moelleux.

Préparation de la pâte des biscuits de l'Avent

Vous pouvez préparer une pâte brisée avec un robot de cuisine. Toutefois, le résultat sera plus convaincant si vous pétrissez la pâte à la main. Pour ce faire, tamisez votre farine en monticule sur votre plan de travail et creusez un puits au centre. Mettez-y l'œuf ou les œufs de la recette, puis répartissez le beurre bien froid en copeaux sur les bords du puits. Ajoutez les ingrédients restants et travaillez le tout jusqu'à obtention d'une pâte lisse et homogène. Façonnez une boule que vous envelopperez de film alimentaire, et laissez reposer la pâte au réfrigérateur le temps indiqué dans la recette. Ensuite, pétrissez la pâte avec vigueur. Si vous souhaitez confectionner plus de 34 gâteaux, doublez simplement les proportions.

Pour ce qui concerne le glaçage, toutes les fantaisies créatrices sont permises. Vous pouvez varier les motifs à l'infini, ou les considérer comme un aspect secondaire.

Prenez plaisir à la confection de ces petits gâteaux !

Biscuits

de l’Avent

Biscuits de l'Avent au yaourt

370 g (2 ¾ tasses) de farine
250 g (1 tasse + 2 cuil. à soupe) de beurre, fondu
8 cuil. à soupe de yaourt
2 jaunes d'œufs
150 g (⅔ de tasse) de sucre cristallisé

Mélangez la farine, le beurre et le yaourt de façon à obtenir une pâte, puis laissez reposer 1 heure au réfrigérateur.
Abaissez la pâte sur un plan de travail sur une épaisseur de 1 à 2 cm (⅕ po). À l'aide d'emporte-pièces, découpez les biscuits et placez-les sur une tôle. Couvrez-les de papier sulfurisé.
Mélangez les jaunes d'œufs avec 2 cuillerées à soupe d'eau. Avec un pinceau de cuisine, enduisez les biscuits de ce mélange et saupoudrez-les sucre cristallisé.
Faites cuire les biscuits au four à 175 °C (th. 5-6/347 °F) environ 10 minutes.

Temps de préparation : 20 minutes (plus le temps de repos de la pâte)

Biscuits de l'Avent à la liqueur d'œuf

250 g (1 tasse + 2 cuil. à soupe) de beurre
75 g (⅓ de tasse) de sucre
125 ml (½ tasse) de liqueur d'œuf (+ 6 cuil. à soupe)
2 cuil. à soupe de vinaigre
400 g (3 tasses) de farine
200 g (7 oz) de chocolat au lait

Mélangez le beurre, le sucre et la liqueur d'œuf jusqu'à obtention d'une pâte mousseuse. Ajoutez le vinaigre et la farine, puis travaillez le tout énergiquement. Enveloppez la pâte de film alimentaire et laissez-la reposer plusieurs heures au réfrigérateur.
Abaissez la pâte sur un plan de travail fariné. Découpez les biscuits à l'aide d'emporte-pièces, puis et disposez-les sur une tôle chemisée de papier sulfurisé. Faites cuire les biscuits au four à 200 °C (th. 6-7/392 °F) environ 8 minutes, jusqu'à ce qu'ils soient bien dorés.
Pour le nappage, faites fondre le chocolat au lait au bain-marie, puis retirez la casserole du feu et ajoutez la liqueur d'œuf. Mélangez bien et nappez les biscuits à l'aide d'un couteau, puis placez les biscuits sur une grille pour laisser sécher le nappage.

Temps de préparation : environ 40 minutes (plus le temps de repos de la pâte)

Biscuits aux amandes

200 g (1 ½ tasse) de farine
75 g (⅓ de tasse) de sucre
1 pincée de sel
1 œuf
1 blanc d'œuf
pulpe de ½ gousse de vanille
100 g (7 cuil. à soupe) de beurre
100 g (1 tasse) d'amandes en poudre
1 jaune d'œuf
50 g (½ tasse) d'amandes effilées

Tamisez la farine sur le plan de travail, creusez un puits au centre et mettez-y le sucre, le sel, l'œuf, le blanc d'œuf, la vanille et les amandes en poudre. Placez le beurre en copeaux sur les bords du puits et mélangez rapidement le tout jusqu'à obtention d'une pâte lisse. Enveloppez la pâte de film alimentaire et laissez-la reposer 1 heure au réfrigérateur.
Abaissez la pâte sur le plan de travail fariné. Découpez les biscuits et posez-les sur une tôle chemisée de papier sulfurisé. Mélangez 1 cuillerée à café d'eau et le jaune d'œuf. À l'aide d'un pinceau de cuisine, enduisez les biscuits du mélange et parsemez-les d'amandes effilées. Faites-les cuire au four préchauffé à 160 °C (th. 5-6/320 °F) environ 12 minutes.

Temps de préparation : 20 minutes (plus le temps de repos de la pâte)

Biscuits de l'Avent en pâte brisée

300 g (2 ¼ de tasse) de farine
150 g (⅔ de tasse) de sucre
2 jaunes d'œufs
2 cuil. à soupe de crème fraîche
125 g (1 tasse + 2 cuil. à soupe) de sucre glace
100 g (7 cuil. à soupe) de beurre froid
2 à 3 cuil. à soupe de sirop de framboise
sucre cristallisé

Mélangez rapidement la farine, le jaune d'œuf, le beurre et la crème fraîche afin d'obtenir une pâte lisse, puis enveloppez-la de film alimentaire et laissez-la reposer 1 heure au réfrigérateur. Chemisez une tôle de papier sulfurisé et préchauffez le four à 180 °C (th. 6/356 °F). Sur un plan de travail fariné, abaissez la pâte sur 1 cm (⅓ po) d'épaisseur et découpez les biscuits à l'aide d'emporte-pièces. Faites cuire les biscuits au four environ 12 minutes, jusqu'à ce qu'ils soient dorés, puis laissez-les refroidir sur une grille. Mélangez le sucre glace avec le sirop de framboise et enduisez les biscuits froids avec le glaçage à l'aide d'un pinceau de cuisine. Saupoudrez de sucre cristallisé et laissez sécher.

Temps de préparation : 30 minutes (plus le temps de repos de la pâte)

Biscuits pragois

250 g (1 tasse + 2 cuil. à soupe) de beurre
3 jaunes d'œufs
2 cuil. à soupe de sucre
275 g (2 tasses) de farine
1 blanc d'œuf
125 g (1 tasse +2 cuil. à soupe) de sucre glace, tamisé
1 sachet de sucre vanillé
2 cuil. à soupe d'amandes effilées
1 cuil. à soupe de raisins secs ou de raisins de Corinthe

Mélangez le beurre, les jaunes d'œufs et le sucre, et incorporez la farine. Travaillez le tout jusqu'à obtention d'une pâte, enveloppez-la de film alimentaire et laissez-la reposer 1 heure au réfrigérateur. Abaissez finement la pâte sur un plan de travail fariné, puis découpez les biscuits et posez-les sur une tôle chemisée de papier sulfurisé. Pour le glaçage, mélangez le sucre glace et le sucre vanillé avec le blanc d'œuf. Enduisez les biscuits de glaçage à l'aide d'un pinceau de cuisine et parsemez-les d'amandes effilées et de raisins secs ou de raisins de Corinthe. Faites cuire les biscuits au four à 160 °C (th. 5-6/320 °F) environ 10 minutes.

Temps de préparation : 20 minutes (plus le temps de repos de la pâte)

Biscuits à l'amaretto

4 œufs
125 g (9 cuil. à soupe) de sucre
250 g (1 tasse + 2 cuil. à soupe) de beurre
500 g (3 ½ tasses) de farine
8 cuil. à soupe d'amaretto
100 g (1 tasse) de sucre glace

Faites cuire trois œufs durs et prélevez le jaune cuit (le blanc n'est pas utilisé dans cette recette). Mélangez le jaune d'œuf dur, l'œuf cru restant, la farine et 6 cuillerées à soupe d'amaretto, puis mélangez jusqu'à obtention d'une pâte.
Façonnez la pâte en boule et enveloppez-la de film alimentaire, puis laissez-la reposer 2 heures au réfrigérateur.
Abaissez finement la pâte sur un plan de travail fariné, découpez les biscuits à l'aide d'emporte-pièces et faites-les cuire au four à 170 °C (th. 5-6/320 °F) environ 10 minutes. Laissez les biscuits refroidir. Mélangez le sucre glace avec l'amaretto restant et nappez-en les biscuits froids.

Temps de préparation : 30 minutes (plus le temps de repos de la pâte)

Lebkuchen aux fruits confits

250 g (¾ de tasse) de miel
250 g (1 tasse + 2 cuil. à soupe) de sucre de canne
150 g (⅔ de tasse) de beurre
1 œuf
100 g (1 tasse) d'amandes en poudre
400 g (3 tasses) de farine
1 cuil. à soupe de cacao
1 cuil. à café de cannelle en poudre
1 cuil. à café de levure chimique
2 cuil. à café de mélange d'épices pour pain d'épice (mélange d'anis, cannelle, badiane, gingembre, girofle, muscade et coriandre)
zeste d'un citron
2 cuil. à café de rhum
150 g (1 ⅓ tasse) de sucre glace
3 cuil. à café de jus de citron
100 g (½ tasse) de fruits confits hachés
100 g (½ tasse) de cerises confites

Mettez le miel, le sucre de canne et le beurre dans une casserole, et faites chauffer jusqu'à ce que le sucre ait fondu. Versez le tout dans une jatte et laissez refroidir. Ajoutez l'œuf, la farine, le cacao, les amandes, la cannelle, le mélange d'épices et le zeste de citron, puis mélangez à l'aide d'un batteur électrique. Mélangez la levure avec le rhum, ajoutez le mélange à la préparation et travaillez le tout jusqu'à obtention d'une pâte brillante qui ne colle pas. Ajoutez un peu de farine si nécessaire. Couvrez la jatte de film alimentaire et laissez reposer une nuit au réfrigérateur.
Divisez la pâte en deux et abaissez les deux portions sur un plan de travail fariné. Découpez les biscuits à l'aide d'emporte-pièces et disposez-les sur une tôle farinée. Faites cuire les biscuits au four à 180 °C (th. 6/356 °F) environ 18 minutes. Décollez les biscuits de la tôle en procédant très délicatement car ils sont encore très mous, puis laissez-les refroidir sur une grille.
Pour le glaçage, mélangez le sucre glace avec le jus de citron de façon à obtenir une consistance lisse et enduisez les biscuits à l'aide d'un pinceau de cuisine. Parsemez de fruits confits sans attendre, puis laissez sécher. Conservez ces biscuits dans une boîte métallique hermétique.

Temps de préparation : 45 minutes (plus le temps de repos de la pâte)

Biscuits de l'Avent en pâte feuilletée

250 g (9 oz) de pâte feuilletée surgelée
1 jaune d'œuf
1 cuil. à soupe de lait
4 cuil. à soupe de confiture d'abricot
1 cuil. à soupe de jus de citron
1 cuil. à soupe d'amandes en poudre
1 cuil. à soupe de sucre cristallisé

Faites décongeler la pâte feuilletée et abaissez-la sur un plan de travail fariné. Découpez des biscuits à l'aide d'emporte-pièces et posez-les sur une tôle chemisée de papier sulfurisé. Mélangez le jaune d'œuf et le lait, puis enduisez les biscuits du mélange obtenu à l'aide d'un pinceau de cuisine. Faites cuire les biscuits au four à 180 °C (th. 6/356 °F) environ 15 minutes, jusqu'à ce qu'ils soient bien dorés.
Pendant ce temps, faites chauffer la confiture d'abricot dans une petite casserole, puis ajoutez le jus de citron et les amandes en poudre. Enduisez les biscuits encore chauds avec le mélange obtenu à l'aide d'un pinceau de cuisine. Enfin, saupoudrez de sucre cristallisé et laissez sécher.

Temps de préparation : 40 minutes (plus le temps de repos de la pâte)

Biscuits de l'Avent au nougat et pâte d'amande

275 g (2 tasses) de farine
150 g (⅔ de tasse) de sucre
1 sachet de sucre vanillé
2 jaunes d'œufs
175 g (¾ de tasse) de beurre froid
400 g (14 oz) de pâte d'amande
2 ou 3 blancs d'œufs
250 g (9 oz) de nougat

Tamisez la farine sur un plan de travail, creusez un puits au centre et mettez-y le sucre, le sucre vanillé et les jaunes d'œufs. Placez le beurre en copeaux sur les bords du puits et mélangez rapidement le tout jusqu'à obtention d'une pâte lisse.
Façonnez la pâte en boule, enveloppez-la de film alimentaire et mettez-la 2 heures au réfrigérateur.
Abaissez la pâte sur un plan de travail fariné, découpez les biscuits et posez-les sur une tôle chemisée de papier sulfurisé.
Incorporez les blancs d'œuf et un peu d'eau à la pâte d'amande de façon à obtenir une consistance onctueuse. Transférez la pâte dans une poche à douille et décorez-en les contours des biscuits. Faites cuire au four à 180 °C (th. 6/356 °F). Faites fondre le nougat au bain-marie et garnissez-en le centre des biscuits à l'aide d'une petite cuillère. Laissez bien sécher le nougat avant de servir.

Temps de préparation : 50 minutes (plus le temps de repos de la pâte)

Biscuits de l'Avent au chocolat et aux noix

250 g (1 ¾ tasse) de farine
½ cuil. à café de levure chimique
125 g (9 cuil. à soupe) de sucre
1 œuf
125 g (9 cuil. à soupe) de beurre
2 cuil. à soupe de lait
60 g (½ tasse) de raisins secs
60 g (⅔ de tasse) de noix en poudre
60 g (⅔ de tasse) d'amandes en poudre
100 g (⅘ de tasse) de copeaux de chocolat noir amer
100 g (1 tasse) de sucre glace
150 g (1 ⅓ tasse) de noix entières

Dans une jatte, tamisez la farine avec la levure, puis ajoutez le sucre, l'œuf, le beurre préalablement ramolli et le lait. Mélangez à l'aide d'un batteur électrique en incorporant progressivement les noix en poudre, les amandes en poudre, les raisins secs et les copeaux de chocolat. Pétrissez la pâte à la main, puis façonnez-la en boule et enveloppez-la de film alimentaire. Laissez-la reposer 2 heures au réfrigérateur.
Abaissez la pâte sur un plan de travail fariné et découpez des biscuits à l'aide d'emporte-pièces. Placez les biscuits sur une tôle chemisée de papier sulfurisé et faites-les cuire au four à 180 °C (th. 6/356 °F) 8 à 10 minutes. Mélangez le sucre glace avec l'eau de façon à obtenir une consistance homogène, puis décorez les biscuits avec le glaçage obtenu à l'aide d'une poche à douille. Garnir chaque biscuit d'un cerneau de noix.

Temps de préparation : 40 minutes (plus le temps de repos de la pâte)

Biscuits de l'Avent fourrés aux noix

400 g (3 tasses) de farine
350 g (1 ½ tasse) de sucre en poudre
125 g (1 ⅔ tasse) de noisettes en poudre
1 œuf
125 g (9 cuil. à soupe) de beurre
1 jaune d'œuf
4 cuil. à soupe de gelée de framboises

Tamisez la farine sur un plan de travail et ajoutez 200 g de sucre et les noisettes en poudre. Creusez un puits au centre et mettez-y l'œuf et le jaune d'œuf. Placez le beurre en copeaux sur les bords du puits et mélangez rapidement le tout jusqu'à obtention d'une pâte lisse. Façonnez la pâte en boule et enveloppez-la de film alimentaire, puis laissez-la reposer 2 heures au réfrigérateur.
Abaissez la pâte sur un plan de travail fariné et découpez-y les biscuits. Placez les biscuits sur une tôle chemisée de papier sulfurisé et faites-les cuire au four préchauffé à 150 °C (th. 5/302 °F) environ 10 minutes.
Battez la gelée de framboises jusqu'à ce qu'elle soit lisse et homogène. Laissez tiédir les biscuits, puis assemblez-les deux par deux avec la gelée.

Temps de préparation : 30 minutes (plus le temps de repos de la pâte)

Biscuits de l'Avent hollandais

200 g (1 ½ tasse) de farine	75 g (9 cuil. à soupe) de maïzena
75 g (⅓ de tasse) de sucre	400 g (14 oz) de pâte d'amande
1 sachet de sucre vanillé	150 g (1 ⅓ tasse) de sucre glace
1 pincée de sel	100 g (⅓ de tasse) de confiture d'orange
125 g (9 cuil. à soupe) de beurre	125 g (4-5 oz) de chocolat noir
1 œuf	

Dans une jatte, mettez la farine, la maïzena, le sucre, le sucre vanillé et le sel, ajoutez l'œuf et le beurre en copeaux, et travaillez le tout jusqu'à obtention d'une pâte lisse. Enveloppez-la de film alimentaire et laissez-la reposer au moins 30 minutes. Pendant ce temps, travaillez la pâte d'amande avec 100 g de sucre glace. Abaissez-la à l'aide d'un rouleau à pâtisserie sur un plan de travail préalablement saupoudré avec le sucre glace restant, puis découpez des formes à l'aide d'emporte-pièces. Sur un plan de travail fariné, abaissez la pâte à biscuit sur une épaisseur de 3 mm (⅛ po) à l'aide d'un rouleau à pâtisserie. Découpez des biscuits identiques aux formes en pâte d'amande et déposez-les sur une tôle chemisée de papier sulfurisé. Faites cuire les biscuits au four à 175 °C (th. 5-6/347 °F) environ 10 minutes, puis laissez-les refroidir. Faites chauffer la confiture dans une casserole ou au four à micro-ondes, et enduisez les biscuits à l'aide d'un pinceau de cuisine. Couvrez les biscuits avec les formes en pâte d'amande et pressez légèrement pour les faire adhérer. Concassez le chocolat et faites-le fondre au bain-marie. Nappez les biscuits à demi de chocolat fondu et laissez sécher.

Temps de préparation : 50 minutes (plus le temps de repos de la pâte)

Spéculos

1 sachet de levure chimique,
500 g (3 ¾ tasses) de farine
250 g (1 tasse + 2 cuil. à soupe) de sucre, 2 œufs, 1 sachet de sucre vanillé, 100 g (1 tasse) d'amandes en poudre
50 g (¼ de tasse) de sucre roux
250 g (1 tasse + 2 cuil. à soupe) de beurre, froid
1 cuil. à café de cannelle
¼ de cuil. à café de clou de girofle et de cardamome en poudre
¼ de cuil. à café de noix muscade
⅛ de cuil. à café de coriandre en poudre

Tamisez la farine avec la levure sur un plan de travail, creusez un puits au centre et mettez-y le sucre et les œufs. Placez le beurre en copeaux sur les bords du puits et mélangez le tout jusqu'à obtention d'une pâte lisse. Incorporez les ingrédients restants et mélangez de nouveau. Façonnez la pâte en boule, enveloppez-la de film alimentaire et laissez-la reposer 2 heures au réfrigérateur.
Abaissez grossièrement la pâte sur un plan de travail fariné et découpez-y les biscuits. Placez les biscuits sur une tôle chemisée de papier sulfurisé et faites-les cuire au four à 150 °C (th. 5/302 °F) environ 15 minutes, jusqu'à ce qu'ils soient dorés.

Temps de préparation : 35 minutes (plus le temps de repos de la pâte)

Biscuits au sésame

375 g (1 ⅔ tasse) de beurre
200 g (¾ de tasse + 2 cuil. à soupe) de sucre
5 jaunes d'œufs
500 g (3 ¾ tasses) de farine
50 g (7 cuil. à soupe) de sucre glace
100 g (⅔ de tasse) de graines de sésame

Faites fondre le beurre et battez-le jusqu'à ce qu'il soit mousseux, puis incorporez le sucre et les jaunes d'œufs. Ajoutez la farine progressivement, puis mélangez jusqu'à obtention d'une pâte lisse. Façonnez la pâte en boule, enveloppez-la de film alimentaire et laissez-la reposer 2 heures au réfrigérateur.
Abaissez finement la pâte sur un plan de travail fariné et découpez des biscuits à l'aide d'emporte-pièces. Placez-les sur une tôle chemisée de papier sulfurisé et faites-les cuire au four à 180 °C (th. 6/356 °F) 10 à 12 minutes. Mélangez le sucre glace avec 1 cuillerée à soupe d'eau de façon à obtenir un glaçage homogène. Enduisez les biscuits à l'aide d'un pinceau à pâtisserie et enrobez-les de graines de sésame.

Temps de préparation : 35 minutes (plus le temps de repos de la pâte)

Biscuits de l'Avent colorés

250 g (1 ¾ tasse) de farine
125 g (1 tasse + 2 cuil. à soupe) de sucre glace
zeste de ½ citron râpé
150 g (⅔ de tasse) de beurre, froid
1 œuf
125 g (1 tasse + 2 cuil. à soupe) de sucre glace supplémentaires
2 à 3 cuil. à soupe de jus de citron
perles de sucre multicolores

Tamisez la farine sur un plan de travail et ajoutez le sucre glace et le zeste de citron. Creusez un puits au centre et mettez-y l'œuf. Placez le beurre en copeaux sur les bords du puits et mélangez le tout jusqu'à obtention d'une pâte lisse. Enveloppez la pâte de film alimentaire et mettez-la 1 heure au réfrigérateur.
Sur un plan de travail fariné, abaissez la pâte sur une épaisseur de 3 mm (⅛ po), découpez-y les biscuits et placez-les sur une tôle chemisée de papier sulfurisé. Faites cuire les biscuits au four à 180 °C (th. 6/356 °F) environ 10 minutes, jusqu'à ce qu'ils soient dorés, puis laissez-les refroidir sur une grille.
Pour le glaçage, mélangez le sucre glace supplémentaire avec le jus de citron de façon à obtenir une consistance homogène. Enduisez les biscuits de nappage à l'aide d'un pinceau de cuisine et parsemez-les de perles de sucre multicolores.

Temps de préparation : 45 minutes (plus le temps de repos de la pâte)

Biscuits de l'Avent aux fruits confits

300 g (2 ¼ tasses) de farine
100 g (7 cuil. à soupe) de sucre
1 sachet de sucre vanillé
1 pincée de sel
1 œuf
1 jaune d'œuf
200 g (⅘ de tasse) de beurre, froid
1 cuil. à soupe de cerises confites
1 cuil. à soupe d'oranges confites
1 cuil. à soupe de citrons confits
2 cuil. à soupe de noisettes concassées caramélisées

Tamisez la farine sur un plan de travail et ajoutez le sucre, le sucre vanillé et le sel. Creusez un puits au centre et mettez-y l'œuf. Placez le beurre en copeaux sur les bords du puits et mélangez le tout jusqu'à obtention d'une pâte lisse. Hachez les fruits confits et incorporez-les à la pâte. Enveloppez la pâte de film alimentaire et laissez-la reposer 1 heure au réfrigérateur.
Sur un plan de travail fariné, abaissez la pâte sur une épaisseur de 5 mm (⅕ po), découpez les biscuits à l'aide d'emporte-pièces et placez-les sur une tôle chemisée de papier sulfurisé. Battez le jaune d'œuf avec 1 ou 2 cuillerées à soupe d'eau et enduisez les biscuits du mélange. Parsemez les biscuits de noisettes concassées et faites-les cuire au four à 160 °C (th. 5-6/320 °F) 12 à 15 minutes, jusqu'à ce qu'ils soient dorés.

Temps de préparation : 25 minutes (plus le temps de repos de la pâte)

Biscuits de l'Avent fourrés aux coings

250 g (1 ¾ tasse) de farine
1 cuil. à café de levure chimique
100 g (7 cuil. à soupe) de sucre
50 g (½ tasse) d'amandes en poudre
2 pincée de cardamome
2 pincées de clou de girofle
½ cuil. à café de cannelle
1 œuf
125 g (9 cuil. à soupe) de beurre, froid
100 g (⅓ de tasse) de gelée de coings
sucre glace

Mélangez la farine, la levure, le sucre, les amandes et les épices, puis ajoutez l'œuf et le beurre en copeaux et travaillez le tout rapidement jusqu'à obtention d'une pâte. Façonnez la pâte en boule, enveloppez-la de film alimentaire et laissez-la reposer 30 minutes au réfrigérateur. Abaissez la pâte finement sur un plan de travail fariné et découpez des biscuits. Ôtez le centre de la moitié des biscuits à l'aide d'un bouchon de bouteille en plastique ou d'un dé à coudre.
Placez les biscuits sur une tôle chemisée de papier sulfurisé et faites-les cuire au four à 175 °C (th. 5-6/347 °F) environ 10 minutes. Posez les gâteaux sur une grille et laissez-les refroidir. Réchauffez la gelée de coings et nappez-en les biscuits non troués, puis couvrez avec les biscuits troués aux formes adaptées. Saupoudrez de sucre glace avant de servir.

Temps de préparation : 25 minutes (plus le temps de repos de la pâte)

Lebkuchen et leur glaçage au citron

300 g (2 ¼ tasses) de farine
100 g (7 cuil. à soupe) de sucre
2 cuil. à café de mélange d'épices pour pain d'épice
1 cuil. à café de levure chimique
2 cuil. à soupe de cacao
1 œuf
200 g (⅘ de tasse) de beurre, froid
125 g (1 tasse + 2 cuil. à soupe) de sucre glace
2 à 3 cuil. à soupe de jus de citron

Tamisez la farine sur le plan de travail et ajoutez le sucre, le mélange d'épices, la levure, le cacao. Creusez un puits au centre et mettez-y l'œuf. Placez le beurre en copeaux sur les bords du puits et mélangez le tout jusqu'à obtention d'une pâte lisse. Façonnez la pâte en boule et enveloppez-la de film alimentaire, puis laissez-la reposer 2 heures au réfrigérateur. Sur un plan de travail fariné, abaissez la pâte sur 1 cm (⅓ po) d'épaisseur et découpez-y des biscuits.
Placez les biscuits sur une tôle chemisée de papier sulfurisé et faites-les cuire au four à 180 °C (th. 6/356 °F) environ 15 minutes, jusqu'à ce qu'ils soient croquants.
Transférez les gâteaux sur une grille à l'aide d'une spatule et laissez-les refroidir. Mélangez le sucre glace avec le jus de citron de façon à obtenir un glaçage fluide, puis nappez les biscuits de glaçage à l'aide d'une poche à douille.

Temps de préparation : 25 minutes (plus le temps de repos de la pâte)

Biscuits de l'Avent à l'anis

150 g (1 tasse) de farine
100 g (7 cuil. à soupe) de beurre, froid
1 jaune d'œuf
110 g (¾ de tasse) de sucre
½ sachet de sucre vanillé
1 pincée de sel
1 blanc d'œuf
1 pincée de poudre d'anis
1 pincée de graines d'anis pilées

Tamisez la farine sur un plan de travail, creusez un puits au centre et mettez-y le jaune d'œuf, 20 g de sucre, le sucre vanillé et le sel. Placez le beurre en copeaux sur les bords du puits et mélangez le tout jusqu'à obtention d'une pâte lisse. Enveloppez la pâte de film alimentaire et mettez-la une nuit au réfrigérateur.
Sur un plan de travail fariné, abaissez la pâte sur environ 4 mm (⅛ po) d'épaisseur et découpez-y des biscuits, puis placez-les sur une tôle chemisée de papier sulfurisé.
Montez le blanc d'œuf en neige très ferme et incorporez progressivement 90 g (7 cuil. à soupe) de sucre, puis la poudre et les graines d'anis. Transférez le blanc en neige dans une poche à douille pour décorer les biscuits, puis faites-les cuire au four à 170 °C (th. 5-6/338 °F) 15 à 20 minutes.

Temps de préparation : 45 minutes (plus le temps de repos de la pâte)

Biscuits de l'Avent à la groseille

250 g (1 ¾ tasse) de farine	125 g (1 tasse + 2 cuil. à soupe) de beurre, froid
1 cuil. à café de levure chimique	150 g (½ tasse) de gelée de groseilles
70 g (5 cuil. à soupe) de sucre	sucre glace
1 œuf	
1 pincée de sel	

Tamisez la farine avec la levure sur un plan de travail, creusez un puits au centre et mettez-y le sucre, l'œuf et le sel. Placez le beurre en copeaux sur les bords du puits et mélangez le tout jusqu'à obtention d'une pâte lisse. Enveloppez la pâte de film alimentaire et mettez-la 1 heure au réfrigérateur. Divisez la pâte en deux, puis abaissez la première portion et découpez-y des biscuits à l'aide d'emporte-pièces. Répétez l'opération avec la seconde portion. Ôtez le centre de la moitié des biscuits à l'aide d'un bouchon de bouteille en plastique ou d'un dé à coudre.

Placez les biscuits sur une tôle chemisée de papier sulfurisé et faites-les cuire au four à 170 °C (th. 5-6/338 °F) 8 à 10 minutes, puis laissez-les refroidir. Pendant ce temps, faites chauffer la gelée de groseilles dans une casserole et nappez-en les biscuits non troués, puis couvrez avec les biscuits troués aux formes adaptées. Saupoudrez de sucre glace avant de servir.

Temps de préparation : 40 minutes (plus le temps de repos de la pâte)

Biscuits au chocolat et à la noisette

250 g (2 ¼ tasses) de sucre glace
120 g (1 ½ tasse) de noisettes en poudre
120 g (1 ⅓ tasse) d'amandes en poudre
pulpe de ½ gousse de vanille
1 œuf
1 jaune d'œuf
150 g (5-6 oz) de chocolat noir
1 pincée de clou de girofle
120 g (½ tasse) de crème fraîche épaisse (à température ambiante)

Mettez le sucre, les noisettes, les amandes et la vanille dans une jatte, ajoutez l'œuf et le jaune d'œuf et travaillez le tout jusqu'à obtention d'une pâte lisse. Enveloppez la pâte de film alimentaire et laissez reposer 30 minutes au réfrigérateur. Sur un plan de travail fariné, abaissez la pâte sur une épaisseur d'environ 5 mm (⅕ po). Découpez des biscuits et placez-les sur une tôle chemisée de papier sulfurisé en les espaçant bien. Faites-les cuire au four à 200 °C (th. 6-7/392 °F). Transférez les biscuits sur une grille et laissez-les refroidir.
Cassez le chocolat noir en morceaux et faites-le fondre au bain-marie. Ajoutez le clou de girofle, retirez le tout du bain-marie et incorporez la crème fraîche. Remuez jusqu'à obtention d'une crème de couleur homogène et laissez tiédir jusqu'à obtention d'une consistance de pâte à tartiner. Assemblez les biscuits deux par deux avec la crème au chocolat, puis saupoudrez de sucre glace.

Temps de préparation : 40 minutes (plus le temps de repos de la pâte)

Biscuits à l'orange

300 g (1 ⅓ tasse) de beurre, mou
150 g (1 ⅓ tasse) de sucre glace
3 jaunes d'œufs
½ cuil. à café de pulpe de vanille
1 cuil. à café de zeste d'orange
2 à 3 gouttes d'extrait d'orange
300 g (2 ¼ tasses) de farine
100 g (tasse) de sucre glace supplémentaires, tamisé
3 cuil. à soupe de liqueur d'orange

Battez le beurre en crème avec le sucre dans un robot de cuisine jusqu'à ce que le mélange blanchisse et soit mousseux. Sans cesser de battre, ajoutez progressivement les jaunes d'œufs de façon à obtenir une consistance crémeuse. Incorporez la vanille, le zeste et l'extrait d'orange, puis très progressivement la farine. Divisez la pâte en deux, enveloppez de film alimentaire et mettez une nuit au réfrigérateur. Abaissez les portions de pâte sur un plan de travail fariné et découpez des biscuits à l'aide d'emporte-pièces. Faites-les cuire au four à 170 °C (th. 5-6/338 °F) environ 15 minutes, jusqu'à ce que les bords des biscuits soient dorés, puis laissez-les refroidir sur une grille. Pour le glaçage, mélangez le sucre glace supplémentaire avec la liqueur, puis nappez-en les biscuits à l'aide d'un pinceau de cuisine.

Temps de préparation : 35 minutes (plus le temps de repos de la pâte)

Biscuits au beurre

250 g (1 ¾ tasse) de farine
75 g (⅓ de tasse) de sucre
1 pincée de sel
2 cuil. à café de vanille bourbon
1 œuf
125 g (9 cuil. à soupe) de beurre, froid

Mélangez tous les ingrédients et travaillez-les rapidement avec les mains froides jusqu'à obtention d'une pâte lisse. Enveloppez la pâte de film alimentaire et laissez-la reposer 2 heures au réfrigérateur. Sur un plan de travail fariné, abaissez la pâte sur une épaisseur d'environ 5 mm (⅕ po) et piquez-la à la fourchette. Découpez des biscuits et placez-les sur une tôle chemisée de papier sulfurisé. Faites-les cuire au four à 200 °C (th. 7-8/392 °F), jusqu'à ce qu'ils soient dorés. Transférez-les sur une grille et laissez-les refroidir complètement.

Temps de préparation : 25 minutes (plus le temps de repos de la pâte)

Biscuits de l'Avent décorés

250 g (1 ¾ tasse) de farine
125 g (1 tasse + 2 cuil. à soupe) de sucre glace
1 cuil. à soupe de zeste de citron
1 œuf
1 cuil. à café de jus de citron
150 g (⅔ de tasse) de beurre, froid
200 g (1 ⅓ tasse) de sucre glace supplémentaires
1 cuil. à café de rhum
1 cuil. à café de sirop de framboise
sucre cristallisé

Mélangez la farine, le sucre, le zeste de citron, l'œuf et le beurre, et travaillez-les jusqu'à obtention d'une pâte lisse. Enveloppez la pâte de film alimentaire et laissez-la reposer 2 heures au réfrigérateur. Abaissez la pâte et découpez-y des biscuits. Placez les biscuits sur une tôle chemisée de papier sulfurisé et faites-les cuire au four à 180 °C (th. 6/356 °F) environ 10 minutes, jusqu'à ce qu'ils soient dorés. Transférez-les sur une grille et laissez-les refroidir. Pour le glaçage, mélangez deux tiers du sucre glace supplémentaire avec le jus de citron et le rhum. Nappez les biscuits du mélange obtenu à l'aide d'un pinceau de cuisine. Incorporez le sucre glace restant au sirop de framboise et transférez le mélange dans une poche à douille. Décorez les biscuits, saupoudrez-les de sucre cristallisé et laissez sécher.

Temps de préparation : 35 minutes (plus le temps de repos de la pâte)

Biscuits à la pistache

250 g (1 ¾ tasse) de farine
50 g (½ tasse) d'amandes en poudre
75 g (⅓ de tasse) de sucre
1 sachet de sucre vanillé
150 g (⅔ de tasse) de beurre
2 jaunes d'œufs
1 cuil. à café de cardamome
75 g (1 tasse) de pistaches en poudre
1 cuil. à soupe de sucre glace
2 cuil. à soupe de pistaches entières
2 cuil. à soupe de sucre cristallisé

Mélangez la farine, les amandes, le sucre, le sucre vanillé, le beurre, les jaunes d'œufs, la cardamome et les pistaches en poudre de façon à obtenir une pâte. Enveloppez la pâte de film alimentaire et laissez-la reposer 2 heures au réfrigérateur. Abaissez la pâte sur un plan de travail fariné, découpez des biscuits et placez-les sur une tôle chemisée de papier sulfurisé, puis faites-les cuire au four à 180 °C (th. 6/356 °F) 12 minutes. Pendant ce temps, mélangez le sucre glace avec un peu d'eau de façon à obtenir un glaçage épais. Hachez les pistaches. Nappez les biscuits encore chauds de glaçage et parsemez-les immédiatement de pistaches et de sucre cristallisé.

Temps de préparation : 35 minutes (plus le temps de repos de la pâte)

Biscuits de l'Avent aux perles

200 g (7 oz) de pâte d'amande
220 g (2 tasses) de sucre glace
3 cuil. à soupe de jus de citron
colorant alimentaire
perles en sucre
sucre cristallisé

Travaillez la pâte d'amande avec 100 g de sucre glace et abaissez la pâte entre deux feuilles de papier sulfurisé. Découpez des biscuits dans la pâte et placez-les sur une tôle chemisée de papier sulfurisé. Faites cuire les biscuits au four à 200 °C (th. 6-7/392 °F) environ 5 minutes.
Laissez refroidir les biscuits sur une grille. Pour le glaçage, mélangez le sucre glace restant avec le jus de citron, puis incorporez le colorant alimentaire de votre choix. Nappez les biscuits de glaçage et décorez-les des perles en sucre et de sucre cristallisé à votre convenance.

Temps de préparation : 20 minutes

Biscuits de l'Avent au vin

500 g (3 ¾ tasses) de farine	2 cuil. à soupe de cacao
½ cuil. à café de levure chimique	2 cuil. à café de cannelle
250 g (1 tasse + 2 cuil. à soupe) de sucre	280 g (1 ¼ tasse) de beurre
1 œuf	8 cuil. à soupe de vin rouge
	150 g (1 ⅓ tasse) de sucre glace

Tamiser la farine avec la levure sur un plan de travail, ajoutez l'œuf, le sucre, le cacao, la cannelle, le beurre et 6 cuillerées à soupe de vin rouge, et travaillez le tout rapidement jusqu'à obtention d'une pâte lisse. Façonnez la pâte en boule, enveloppez-la de film alimentaire et laissez-la reposer 1 heure au réfrigérateur.

Abaisser finement la pâte sur un plan de travail fariné, découpez des biscuits et placez-les sur une tôle chemisée de papier sulfurisé.

Faites cuire les biscuits au four à 180 °C (th. 6/356 °F) environ 10 minutes. Mélangez le sucre glace avec le vin rouge restant, transférez le glaçage ainsi obtenu dans une poche à douille et décorez les biscuits.

Temps de préparation : 20 minutes (plus le temps de repos de la pâte)

Biscuits de l'Avent aux abricots

200 g (⅘ de tasse) de beurre
80 g (6 cuil. à soupe) de sucre
1 pincée de sel
1 sachet de sucre vanillé
1 jaune d'œuf
4 cuil. à soupe de cognac
noix muscade fraîche

300 g (2 ¼ tasses) de farine
50 g (⅙ de tasse) de confiture d'abricots
100 g (1 tasse) de sucre glace
2 à 3 cuil. à soupe de jus de citron
colorant alimentaire rouge

Battez le beurre en crème avec le sucre, le sel et le sucre vanillé jusqu'à ce que le mélange blanchisse et soit mousseux. Ajoutez le jaune d'œuf, le cognac et la noix muscade, puis incorporez la farine. Abaissez la pâte sans attendre sur une épaisseur de 3 à 4 mm (⅛ po) entre deux feuilles de film alimentaire et mettez-la 2 heures au réfrigérateur. Découpez des biscuits dans la pâte à l'aide d'emporte-pièces bien froids, puis répartissez-les sur une tôle chemisée de papier sulfurisé. Faites cuire les biscuits au four préchauffé à 180 °C (th. 6/356 °F) environ 12 minutes, jusqu'à ce qu'ils soient bien dorés.
Transférez les biscuits sur une grille et laissez-les tiédir. Faites chauffer la confiture d'abricots dans une casserole, puis assemblez les biscuits tièdes deux par deux avec la confiture. Mélangez le sucre glace avec le jus de citron de façon à obtenir un glaçage homogène. Incorporez le colorant à la moitié du glaçage, nappez-en les biscuits et laissez sécher. Transférez le glaçage non coloré dans une poche à douille et décorez les biscuits avec de minces filets de glaçage.

Temps de préparation : 50 minutes (plus le temps de repos de la pâte)

Biscuits aux éclats d'amandes

150 g (1 tasse) de farine
½ cuil. à café de levure chimique
50 g (¼ de tasse) de sucre
1 pincée de sel
1 sachet de sucre vanillé
100 g (7 cuil. à soupe) de beurre
1 œuf
400 g (14 oz) de chocolat noir amer, brisé en carrés
300 g (2 ¾ tasses) d'amandes effilées

Tamisez la farine dans une jatte, ajoutez la levure, le beurre, le sucre, le sel, le sucre vanillé et l'œuf, et travaillez le tout jusqu'à obtention d'une pâte lisse. Enveloppez la pâte de film alimentaire et laissez-la reposer 1 heure au réfrigérateur. Abaissez la pâte sur un plan de travail fariné et découpez des biscuits à l'aide d'emporte-pièces.

Répartissez les biscuits sur une tôle chemisée de papier sulfurisé et faites-les cuire au four à 200 °C (th. 6-7/392 °F) 8 à 10 minutes. Pendant ce temps, faites fondre le chocolat au bain-marie et ajoutez les amandes effilées.

Sortez les biscuits du four et laissez-les tiédir. Garnissez chaque biscuit de 2 cuillerées à café d'amandes au chocolat et laissez sécher sur une grille.

Temps de préparation : 50 minutes (plus le temps de repos de la pâte)

Biscuits de l'Avent à la cannelle

- 250 g (2 ¼ tasses) de sucre glace
- 3 blancs d'œufs
- 200 g (2 ¼ tasses) d'amandes en poudre
- 1 cuil. à soupe de rhum
- 1 cuil. à café de cannelle en poudre
- 1 sachet de sucre vanillé

Montez les blancs d'œufs en neige très ferme et incorporez progressivement le sucre glace tamisé. Réservez une demi-tasse de blancs en neige pour la garniture, puis incorporez les amandes, le rhum, la cannelle et le sucre vanillé aux blancs en neige restants de façon à obtenir une pâte homogène. Sur un plan de travail saupoudré de sucre glace, abaissez la pâte sur une épaisseur de 5 mm (⅕ po) environ. Découpez des biscuits et placez-les sur une tôle chemisée de papier sulfurisé, puis enduisez-les des blancs en neige réservés. Faites cuire les biscuits au four à 130 °C (th. 1-2/266 °F) 30 à 40 minutes. Il faut sécher ces biscuits plutôt que de les faire véritablement cuire.

Temps de préparation : 50 minutes (plus le temps de repos de la pâte)

Classiques

de Noël

Croissants à la vanille

150 g (⅔ de tasse) de beurre
75 g (⅓ de tasse) de sucre
200 g (1 ½ tasse) de farine
1 pincée de sel
80 g (⅘ de tasse) d'amandes en poudre
2 sachets de sucre vanillé bourbon
50 g (½ tasse) de sucre glace

Tamisez la farine sur un plan de travail, creusez un puits au centre et mettez-y le sel et les amandes. Placez le beurre en copeaux sur les bords du puits et mélangez rapidement le tout jusqu'à obtention d'une pâte lisse. Enveloppez la pâte de film alimentaire et laissez-la reposer une nuit au réfrigérateur. Divisez la pâte en deux, abaissez les deux portions et découpez des languettes de 6 cm (⅕ po) de longueur. Façonnez des croissants sans attendre, placez-les sur une tôle chemisée de papier sulfurisé et faites-les cuire au four à 190 °C (th. 6-7/374 °F) environ 12 minutes. Mélangez le sucre glace et le sucre vanillé, puis passez les croissants encore chauds dans ce mélange.

Temps de préparation : 30 minutes (plus le temps de repos de la pâte)

Congolais

beurre clarifié, pour graisser
la tôle
1 blanc d'œuf
1 pincée de sel
50 g (¼ de tasse) de sucre
jus de ½ citron
2 cuil. à café de zeste de citron
100 g (3-4 oz) de pâte d'amande
100 g (1 ⅓ de tasse) de noix
de coco en poudre
100 g (3-4 oz) de chocolat noir

Montez les blancs d'œufs en neige ferme et incorporez progressivement le sel, le jus de citron et le zeste de citron sans cesser de battre de sorte que la neige soit très ferme. Émiettez la pâte d'amande, ajoutez-la à la noix de coco et incorporez le tout aux blancs en neige, puis mélangez jusqu'à obtention d'une pâte homogène. À l'aide de deux petites cuillères, disposez de petits tas de pâte sur une tôle enduite de beurre clarifié en les espaçant suffisamment. Faites cuire au four à mi-hauteur à 160 °C (th. 5-6/320 °F) environ 25 minutes. Retirez la tôle du four et laissez refroidir. Pour décorer, faites fondre le chocolat au bain-marie. Trempez les congolais dans le chocolat, égouttez-les et laissez sécher le chocolat.

Temps de préparation : 40 minutes (plus le temps de repos de la pâte)

Biscuits de l'Avent au rhum

60 g (¼ de tasse) de beurre
50 g (½ tasse) de sucre glace
40 g (¼ de tasse) de farine
60 g (½ de tasse) de maïzena
1 cuil. à soupe de rhum

Battre le beurre en crème avec le sucre glace jusqu'à ce que le mélange blanchisse et soit mousseux. Ajoutez la farine, la maïzena et le rhum, puis travaillez le tout jusqu'à obtention d'une pâte lisse. Enveloppez la pâte de film alimentaire et laissez-la reposer 1 heure au réfrigérateur.
Façonnez plusieurs boulettes de pâte et placez-les sur une tôle chemisée de papier sulfurisé en les espaçant suffisamment. Aplatissez les boulettes à l'aide d'une fourchette, puis faites-les cuire au four à 175 °C (th. 5-6/347 °F) environ 15 minutes.

Temps de préparation : 25 minutes (plus le temps de repos de la pâte)

Bethmännchen

50 g (½ tasse) de sucre glace
1 cuil. à soupe de maïzena
400 g (14 oz) de pâte d'amande
1 blanc d'œuf
1 jaune d'œuf
amandes entières, coupées en deux

Dans une jatte, tamisez le sucre glace avec la maïzena. Émiettez la pâte d'amande dans la jatte et ajoutez le blanc d'œuf, puis travaillez le tout jusqu'à obtention d'une pâte. Enveloppez la pâte de film alimentaire et laissez-la reposer 1 heure au réfrigérateur.
Façonnez des boulettes de pâte d'environ 1,5 cm (½ po) de diamètre et placez-les sur une tôle chemisée de papier sulfurisé.
Battez le jaune d'œuf avec 1 à 2 cuillerées à soupe d'eau et enduisez les boulettes de pâte de ce mélange.
Décorez chaque boulette de trois demi-amandes, puis laissez reposer 8 heures à une nuit à l'abri de la chaleur.
Faites cuire les biscuits au four à 150 °C (th. 5/302 °F) environ 20 minutes, jusqu'à ce qu'ils soient bien dorés.

Temps de préparation : 25 minutes (plus le temps de repos de la pâte)

Petits gâteaux secs

220 g (1 tasse) de beurre, mou
90 g (1 tasse) de sucre glace
1 pincée de sel
1 cuil. à café de zeste de citron râpé
pulpe d'une gousse de vanille
1 œuf
300 g (2 ¼ tasses) de farine
100 g (3-4 oz) de chocolat noir

Mélangez tous les ingrédients, sauf le chocolat, de façon à obtenir une pâte lisse. Transférez la préparation dans une poche à douille munie d'un embout en forme d'étoile et façonnez des anneaux sur une tôle chemisée de papier sulfurisé.
Faites cuire les petits gâteaux au four à 180 °C (th. 6/356 °F) environ 12 minutes, jusqu'à ce qu'ils soient cuits mais gardent une couleur claire.
Faites fondre le chocolat au bain-marie et trempez-y les petits gâteaux au tiers. Placez les petits gâteaux sur une grille et laissez sécher le chocolat.

Temps de préparation : 15 minutes (plus le temps de repos de la pâte)

Biscuits aux épices

3 œufs, 6 cuil. à soupe de lait	1 cuil. à café de cannelle
300 g (1 ⅓ tasse) de sucre	500 g (3 ½ tasses) de farine
2 cuil. à café de levure chimique	75 g (1 tasse) de zeste de citron confit
1 pincée de poivre blanc, clou de girofle, noix muscade et gingembre	60 g (⅔ de tasse) d'amandes en poudre
	200 g (2 tasses) de sucre glace

Battez les œufs avec le sucre jusqu'à ce que le mélange soit mousseux, puis incorporez progressivement la levure, les épices, la farine et le lait. Travaillez le tout jusqu'à obtention d'une pâte, puis ajoutez le zeste de citron et les amandes. Enveloppez la pâte de film alimentaire et laissez-la reposer 1 heure au réfrigérateur. Sur un plan de travail fariné, abaissez la pâte sur une épaisseur d'environ 1 cm (⅓ po), découpez des biscuits d'un diamètre de 3 cm (⅛ po) et placez-les sur une tôle chemisée de papier sulfurisé. Laissez reposer les biscuits une nuit, puis faites-les cuire au four à 170 °C (th. 5-6/338 °F) environ 15 minutes. Mélangez le sucre glace avec 2 cuillerées à soupe d'eau chaude, et nappez-en les biscuits refroidis.

Temps de préparation : 40 minutes (plus le temps de repos de la pâte)

Pain d'épice

250 g (¾ de tasse) de miel	100 g (1 tasse) d'amandes en poudre
125 ml (½ tasse) d'huile	1 pincée de sel, de cannelle et de clou de girofle
125 g (1 ⅛ tasse) de sucre brun	½ sachet de levure chimique, 2 œufs
50 g (⅔ de tasse) de zeste de citron confit et 50 g (⅔ de tasse) de zeste d'orange confit	350 g (2 ½ tasses) de farine
	3 cuil. à soupe de lait concentré

Mettez le miel, l'huile et le sucre dans une casserole et faites chauffer à feu doux sans cesser de remuer, puis augmentez le feu et portez brièvement à ébullition. Ajoutez progressivement les zestes, les amandes et les épices sans cesser de remuer. Laissez refroidir le tout. Tamisez la farine avec la levure, puis ajoutez-les à la préparation et incorporez les œufs. Chemisez un moule à manqué de papier sulfurisé et versez la préparation dessus. Délimitez les parts avec la pointe d'un couteau. Décorez éventuellement avec des amandes et des cerises confites coupées en deux. Faites cuire au four à 180 °C (th. 6/356 °F) 35 à 40 minutes, puis laissez refroidir et coupez en parts.

Temps de préparation : 50 minutes

Macarons au chocolat

3 blancs d'œufs
1 pincée de sel
150 g (⅔ de tasse) de sucre
50 g (⅓ de tasse) de farine
150 g (1 ½ tasse) de noisettes en poudre
100 g (⅘ de tasse) de chocolat noir amer râpé
75 g (⅓ de tasse) de beurre, très mou
150 g (5 oz) de chocolat amer supplémentaire
150 g (1 ½ tasse) de sucre glace
colorant alimentaire vert

Montez les blancs d'œuf en neige ferme avec le sel, puis incorporez progressivement le sucre. Sans cesser de battre, incorporez progressivement la farine, les noisettes en poudre, le chocolat râpé et le beurre.
Transférez la préparation dans une poche à douille munie d'un embout large et déposez des tas d'environ 2,5 cm (1 po) de diamètre sur une tôle chemisée de papier sulfurisé en les espaçant bien de sorte que les macarons puissent s'étendre à la cuisson. Faites cuire les macarons au four à 180 °C (th. 6/356 °F) environ 12 minutes. Sortez les macarons du four et laissez-les refroidir. Brisez le chocolat supplémentaire en carrés et faites-les fondre au bain-marie, puis assemblez les macarons deux par deux avec le chocolat fondu.
Pour le glaçage, mélangez le sucre glace avec 2 à 3 cuillerées à soupe d'eau de façon à obtenir une consistance homogène. Teintez une petite partie du glaçage avec le colorant et mettez-la dans une poche à douille munie d'en embout fin. Enduisez les macarons du glaçage blanc et laissez-les sécher. Ensuite, dessinez des motifs sur les macarons à l'aide du glaçage vert.

Temps de préparation : 45 minutes (plus le temps de repos de la pâte)

Biscuits noir et blanc

250 g (1 ¾ tasse) de farine
1 cuil. à café de levure chimique
80 g (6 cuil. à soupe) de sucre en poudre
1 pincée de sel
1 œuf
125 g (9 cuil. à soupe) de beurre
2 cuil. à soupe de cacao

Tamisez la farine dans une jatte, puis ajoutez la levure, le sucre, le sel, l'œuf et le beurre. Travaillez le tout rapidement jusqu'à obtention d'une pâte homogène. Divisez la pâte en deux et incorporez le cacao à l'une des portions. Enveloppez les deux portions de pâte de film alimentaire et laissez-les reposer 30 minutes au réfrigérateur.
Abaissez les deux portions de pâte et découpez deux bandes de 15 cm (6 po) de longueur dans chaque abaisse. Assemblez une bande noire et une bande blanche et pressez légèrement de façon à les souder. Superposez une bande noire et une bande blanche sur les deux premières en inversant les couleurs, puis pressez légèrement. Détaillez l'assemblage en tronçons égaux, puis placez les biscuits ainsi obtenus sur une tôle chemisée de papier sulfurisé. Faites-les cuire au four à 200 °C (th. 6-7/392 °F) environ 15 minutes.

Temps de préparation : 35 minutes (plus le temps de repos de la pâte)

Macarons aux noix

- 200 g (1 ½ tasse) de farine
- ½ cuil. à café de levure chimique
- 75 g (⅓ de tasse) de sucre
- 1 paquet de sucre vanillé
- 1 œuf et 2 jaunes d'œufs
- 1 pincée de sel
- 125 g (1 tasse + 2 cuil. à soupe) de beurre, froid
- 4 cuil. à soupe de confiture d'abricots
- 400 g (2 ⅔ tasses) de noix, de noisettes ou de pignons

Tamisez la farine sur un plan de travail et ajoutez la levure, le sucre et le sucre vanillé. Creusez un puits au centre et mettez-y l'œuf et le sel. Placez le beurre en copeaux sur les bords du puits et mélangez rapidement le tout jusqu'à obtention d'une pâte lisse. Enveloppez la pâte de film alimentaire et laissez-la reposer 30 minutes au réfrigérateur. Pendant ce temps, faites tremper les noix dans l'eau et ôtez-leur la peau si nécessaire, puis concassez-les.

Faites chauffer la confiture dans une casserole. Abaissez la pâte sur le plan de travail fariné et découpez des biscuits de 7 cm (2 ¾ po) de diamètre. Nappez les biscuits de confiture, parsemez de noix et enduisez de jaune d'œuf battu avec un peu d'eau.

Placez les biscuits sur une tôle chemisée de papier sulfurisé et faites-les cuire au four à 175 °C (th. 5-6/347 °F) 15 à 20 minutes.

Temps de préparation : 45 minutes (plus le temps de repos de la pâte)

Index